소소한 이별 예정

김수노기 시집

소소한 이별 예정

초판인쇄 2024년 3월 28일
초판발행 2024년 4월 15일

지은이_ 김수노기
발행인_ 이현자
발행처_ 도서출판 현자

등 록_ 제 2-1884호 (1994.12.26)
주 소_ 서울시 중구 수표로 50-1(을지로3가, 4층)
전 화_ (02) 2278-4239
팩 스_ (02) 2278-4286
E-mail_001hyunja@hanmail.net
값 11,000원

ISBN 978-89-94820-93-4 03810

김수노기 시집

소소한 이별 예정

도서출판 현자

시인의 말

어느 나이쯤
내게 주어진 것들을
인정과 긍정으로 보듬어 갈 수 있을지
그런 나이가 있기는 한 것인지

차례

2부/ 오월의 자귀나무

차례

3부/ 그대였으면

4부/ 앵두가 익을 때면

1부

참 다행이다

내게 부는 바람

무심코 나선 길이 어느새 네 언저리이고
설 자리 없는 네 곁을 바람으로 오가다
마주치면 넌 껍데기뿐인 걸
그래도 널 향한 마음이 늘 내게 있어 다가선다

넌 내게 뜨거운 사람
온전히 내게 스며들기를 고대하던 겨울 가고
내 입김으로 따습고 싶던 봄이 떠도는데
내 방황은 길고 깊게 골이 져서
네가 보듬기엔 버거운 딴 세상 이야기지
바람 이는 내 곁을 서성이는 네게
꽃 편지 한 장 고이 접어
마음 갈피에 끼우고 점점 희미해지는
네 뒷모습을 떨치려 눈을 감는다

숫자 앓이

낯선 숫자 하나를 나이 앞에 바꿔 붙인다
십 년 전에도 그랬고
그 뒤로 십 년 전에도 그랬지
익숙지 않은 새 숫자를 나이 앞자리에 붙이는 일이
어색하고 싫었어
내 것 아닌 남의 옷을 입은 것처럼
십 년을 다독여 겨우 내 것으로 익숙해지려는데
또 다른 숫자를 붙여야 하다니

철없이 맹물로 넘던 나이 고개
엄벙덤벙 친구들과 어울려 넘어가던
내 일이 아니라고 손사래 치며 마지못해 넘던
새 숫자가 두려워 도망치고 싶던
십 년 주기의 상념들
지금, 번뇌로 다가서는 이 숫자는 또 뭔가

어느 나이쯤
내게 주어진 것들을 인정과 긍정으로
보듬어 갈 수 있을지
그런 나이가 있기는 한 것인지

빈 깡통

보이지 않는 바람조차
이겨 낼 힘없어
아스팔트 위를 뒹구는
빈 깡통 하나 있다

누군가
단 한 번의 입맞춤에
오장육부를 털어주고
버림받은 네 신세랴

데굴데굴 뎅그렁
이는 바람에 밀려다니다
누구의 발끝에
그 생을 짐 지울꼬

초승달

엉거주춤
하늘은 찌푸리고
해는 구름 속에 숨은 채로
빼죽이 세상 밖을 내다본다
그냥 져버릴까 망설이면서

구름 걷힌 그날 밤
달은 초승달
일찌감치 서녘 하늘 끝에 매달렸다
가장
계집다운 계집의 눈썹 모양인 채로

불꽃놀이

어둠 속이라서 선명하고
별보다 밝아서 돋보이고
궤도를 벗어나
마음 가는 대로 튕겨 나갈 수 있어 부럽고
끼리의 어울림이 조화로워 아주 멋진
불꽃들의 향연

작은 파편 하나
심장을 꿰뚫어 선혈이 흐를지라도
그 영롱함이 뇌리에 박혀 과거와 단절된다 해도
자유분방한 모양새와 색의 오묘한 어우러짐에
터지는 함성
우-아!
우-아!
찰나의 삶이 안타까워 지르는 함성들

참 다행이다

안부인 듯 시 한 편이 공중에 뜨자
입안을 맴도는 인사 한마디
처음부터 답이 오리라 믿진 않았지만
때 없는 이명에 착각도 했지
세월 안길에 묻힌
밥 한번 먹자는 인사치레는
아직도 귓가에 맴돌고
좋은 시절에 읊어주던 시 구절이
꽃바람에 날아다니는데
신불리 건네 오던
가뭇한 날의 이야기는
속절없는 봄을 여러 번
어지럽게 보낸 후 이제야
아픔 아닌 추억인 게
참 다행이다

풀을 뽑다가

마당가에 풀을 뽑다가
한사코 뽑히기를 거부하는
풀뿌리를 호미로 캐는데
본의 아니게
정말로 본의 아니게
지렁이 한 마리를 두 동강 냈다

처절하게 몸부림치던 그놈이
온종일 눈에 밟혀
속을 끓이고

잠자리에 누워 하루를 되새김하다
그놈보다 더 치열하게 몸부림쳤던
내 인생의 어느 한 토막을 떠올린다

커피 두 잔

아메리카노를 즐겨 마시던 네 생각 끝에 물을 끓이며
냉장고를 뒤져 헤이즐넛 뚜껑을 여는데
오래간만이라서 서운했는지 심술을 부리며 열리지 않는다
흔들고 두드리고 비틀어서 뚜껑이 열리는 순간
코를 쏘는 향이 아찔한데
우연히 길에서
널 만났던 그 순간에 그 느낌이었다

헤이즐넛 가득한 머그잔 속으로 스며드는
실없는 내 웃음과
그 위에 어리는 착한 네 얼굴이 엇비껴서
도무지 마실 수 없는 커피를 두 손에 받쳐 들고
물끄러미 바라보며 빠져드는 상상의 나래

삼복더위에도 뜨거운 커피를 마셔야 개운하다며
사철 뜨거운 것만을 고집하는 독특한 취향의 커피꾼
또 다른 의미가 있음을 알지만 눈 감아 주기로 하고
아주 가끔 무시로 내 이름을 부를 때
수줍게 마주 앉아 우리 둘 사이에 가려졌던
시간을 들춰보며 덩달아 뜨겁게 마시는
헤이즐넛과 아메리카노의 끈끈한 밀회

동창들

가슴 한쪽에 구름 같은 너희가 있지
지척에 살고 때때로 얼굴 보면서도
채워지지 않는 목마름으로
너희랑 삐딱하게 서서 찍은 사진을 보다가
잘 익어가는 우리 모습을 발견하지

밥집, 찻집에서 번개팅할 때
성가셔도 어깃장 놓지 말고 모여서
우리의 오랜 이름 부르며 웃고 지내자

웃음기 메마르기 쉬운 나이지만 씩씩하고
활기 넘치는 머리 허연 어른들 보기 좋더라
우리도 그렇게 살자꾸나
꼰대 아닌 누군가에게 쉬 잊히지 않는
농익은 어른의 모습으로

점 하나로

그대가 내게 오실 땐
점 하나였습니다
보일 듯 말 듯 먼 점
막연한 점들을 이으면 선이 되고
글자가 되고
한 줄의 글도 됩니다

작은 점 하나로 오신 분
큰 인연되어
내 안에 목마름을 적시고
허기짐을 채우며
송송 뚫린 영혼의 빈 곳을
열두 가지 물감으로 메워 갑니다
이제 탐스러운 붓 끝이
내게 휘돌아 치고
달디 단 맛이 혀끝을 돌며
멀리멀리 퍼져나갈 날을 고대합니다

점 하나의 소중함을 느끼면서

밥 자리에서

회식 자리는 늘 소란스럽다
남녀 비슷한 연배끼리 모이면
안부 인사 곁들인 농담이 그렇고
건배사 끝에 오고 가는
소주잔 부딪힘이 그렇고
화기애애한 분위기가 그저 그만이다
소주 한 잔 못하는 2프로 부족한 그녀는
누구든 술병 들고 곁으로 오면 손사래 치며 도망친다

굳이 소주잔을 들고 와 손에 쥐어주는 한 사내의
은근한 권고에 못 이겨 한 잔 받아 들고
난감해하는 그녀에게
괜찮아요 드실만하니 한잔하세요
마지못해 잔을 혀끝에 대는 척하다가 홀딱 마셔버린다

술잔에 물 권하고 비켜서는 그의 뒷모습이
재미지고 믿음직스럽다
그래 세상엔 저런 사기꾼도 있는 거야

잠

어둠은 늘 달콤했지
오늘을 베개에 뉘이면
영혼과 육신의 무게는 절반이 되고
내일은 한결 가벼워지지
혼곤한 밤은 짧아
동 트는 창을 보면서
늘 아쉬워했어

기억의 중심에 큰 획을 그었던 때
그때부터 잠은 오지 않고 기다림은 길었어
꼬인 잠은 기다릴 땐 외면하고
무심할 땐 시도 때도 없이 찾아 와
찝쩍대는 심술쟁이

예전 그 시절로 돌아가
때가 되면 살포시 다가올 수는 없는지
사랑하는 사람보다 더
간절히 기다려지는 잠 잠 잠

어금니

더는 버틸 수 없음을 알았기에
단단히 맘먹고 헤어질 절차를 밟는 동안
오만가지 생각을 하게 되었지
사람끼리의 이별도 그렇지만 신체의 일부를
제거하는 것 또한 쉬운 일이 아니란 걸 알게 되는데

늘 어둡고 후미진 곳에 꼭꼭 숨겨 두고
가난한 집 맏며느리 부리 듯
내 몸 지탱을 위한 에너지 생산 전부를 네게 맡겼고
이를 악물고 살아내야 했던 세상살이도
어금니 네가 있기에 이겨낼 수 있었지
우여와 곡절을 겪는데 동참하여 잘 견딘 너를
소중히 여기고 아꼈지만 세월은 비껴가지 않고
너를 부린 만큼 병을 얻었고
그 병은 도지고 도져 골병이 되었지

세상 모든 것과의 이별 연습이 필요한 나이
네게 지웠던 짐들은 갚을 수 없는 빚이 되고
이제까지의 고생이 안쓰럽고 고마워
애틋함에 젖게 되는데

더 이상 애지중지 보듬어 다독일 수 없는 인연을 어찌하랴
세상 끝나는 날까지
내 것인 줄만 알았던 널 보내면서
이리도 마음이 아려 올 줄이야

소소한 이별 예정

유리병 안에 포로의 몸이 된 소라와 조개 껍데기들이
허물 고운 무늬로 한 여인의 삶을 은연중에 같이 가고 있다
궁상스럽게도
수십 년 동안 그들을 내쳐버리지 못하고
내 생활 언저리를 맴돌게 하고
내가 가는 길을 지켜보는 걸 왜 허락하는지
아릿한 내 생의 흐름이 그들에게 조차 부끄러운데

기억도 없는 어느 바닷가
그들을 주우며 누군가와 까르르 웃고 떠들고
모래밭에 흘렸을 나의 싱그러움과
그날의 기억은 간 곳 없고
파도에 밀리고 끌리며 닳고 닳아서
본래의 모양새와 아주 다른
세상 어디에서도 볼 수 없는 그들을 데려와
유리병 요정으로 가두고
우리의 희망이 함께 사위어 가는 초라한 시간을 보낸다

허덕이며 살아 온 내 생의 절반을 지켜본 그들을
차마, 함부로 내칠 수 없어 보듬고 있지만

이제는 이별할 때
짭조름한 파도가 넘실대는 바다가 아니면 어떠리
가까운 강가 모래밭으로 정중히 너를 보내 주련다
수십 년 볼모로 잡고 내 젊은 날의 추억을 회상해 보려 한 욕심
그 죄가 크다는 걸 이제야 깨달았으므로

회오리바람

낯선 모양으로
덮치듯 스쳐 지나갈 때면
두 눈 감고 말문 막혀라

존재도 없던
모래 먼지를 한껏 부추겨
바람이라는 이름으로 몰아칠 때면
눈앞이 캄캄하고 하늘이 노랬어라

잠잠하던 평지에 까닭 없이 불어온 바람은
너와 나의 눈과 입을 막았고
헝클어진 머리카락
밀려오는 티끌은
숨을 멎게 했지

날아가는 머플러
흩어지는 옷매무새
쳐들린 치마 끝은
한 여자를 주저앉게 하노니

2부

오월의 자귀나무

9월 잠자리

쨍한 초가을 볕이
그냥 아까워
무엇을 널어 말릴까
궁리하던 중
장마철
곰팡이 핀 마음
몽땅 펴 널었다

그 위에 고추잠자리 한 놈
온종일 맴돌고
서산 그림자 마당 끝에 서성여도
돌아갈 줄 모르는데
아직은 덜 뽀송뽀송한 마음
접을까
말까

2월 끝에 서서

겨울도 봄도 아닌 것이
꽃은 예쁘게도 피우네
굵고 잔 가지마다
솔잎 낱낱에도
눈꽃 고운데

봄인 양, 요염한 바람은
솔잎 꽃도
마음 꽃도
흔들어 지고
아예 그런 날 없었던 듯
눈꽃 시절은 갔어라

어린 소나무

부질없는 욕심 하나로
너를 곁에 두고

가끔 주는 한 모금 물로
생명 부지해 주기를

꽃처럼 키워
꽃으로 보겠노라고

송홧가루 날릴
어느 봄날을 기다리며

내숭쟁이

따순 햇살 등에 업고
나불대는 봄바람

버들개지 눈 틔우고
목련 나뭇가시 휘돌아서

아직 남아 있어도 좋을 잔설을
비 몰고 와 흔적 없앤 아쉬움

제 놀음 아닌 듯 모르는 듯
내숭스런 너

경칩

잠 깬 개구리
삭은 논둑 기어오르다
계절 모르고
온종일 쏟아지는 함박눈
강풍이 소용돌이치니
무색한 경칩
개구리 돌아볼 새 없이
허정 밟고 가는 절기

황매화

이름도 예쁜 것이
얼굴도 예뻐서
사월 끝 시샘 바람
발목 매 놓고
방긋 웃는 꽃망울
조롱하다가
바람에 파랗게 질린
황매화

심술쟁이 바람일랑
어여 달래 보내고
벙글던 매화
흐벅지게 피거들랑
이화꽃 복사꽃 어울려
신명나게 놀아나 봄세

제비꽃

앵두나무와 대추나무 사이에, 자고 나면 키가 크는
풀이 눈에 거슬려 풀 없앨 궁리를 하다가
보도블록 깔자는 결론을 내리고
모래를 퍼다가 땅을 고르고 블록을 차곡차곡 잇대어 깔았다
마당에 풀 없이 그 해가 가고 이듬해 오자
블록 사이를 비집고 나오는 풀이 있어 신기하고도 기가 차서
손가락 두 마디쯤 올라온 풀을 싹수부터 없애자고
송곳을 들고 풀 앞에 앉아보니 연필심보다 작은
꽃망울을 품고 있다

송곳 든 손을 멈추고 하찮아 뵈는 작은 풀이지만
그의 생애 최고로 성스러운 순간을 해코지할 수가 없어
우두커니 보다가
꽃을 품었음은 생명을 이어 가는 일
식물이라고 어찌 함부로 할 수 있을까
설령 내년 이맘때 지금보다 열 배, 스무 배의 풀이
블록 틈새로 쏟아져 나온다 해도 오늘 저 꽃망울들을
없애 버릴 수는 없다
단단한 땅속에서 싹을 틔우고 뿌리를 내리느라 애쓴 일
뼛속까지 시리던 혹한을 참고 이겨 낸 일

블록의 틈새를 찾아 헤매다 겨우 세상 밖에 나오기까지
얼마나 고되고 힘들었을까
풀 중에서도 가장 연약한 제비꽃이 애처로워 슬며시 송곳을
감추고 일어선다
배시시 웃으며 낮은 바람결 따라 흔들리는 고것이 대견하다

아카시아꽃

순한 바람에 꽃향기 실어
끝 간 데 없이 너를 알리고
소복으로 줄 지어 섰는 다소곳한 너는
우아함이 으뜸이다

세상엔 한 잎씩 피어
한 송이 되는 꽃들이 널렸는데
너희끼리 손잡고 서서
바람 부는 대로
노을 지는 대로
어우러지는 모습이 부럽다

볼수록 다정한 모양새와 그윽한 향은
일 년 내내 오월이면 싶은데
만인의 욕심을 찌르는
마냥 착할 수 없는 가시가
진한 아픔으로 남는다

사랑초의 아침

소리 없이 스며드는 어둠에
촉촉한 눈 내려 뜨면
세상은 고요로 가득하다
작은 꽃들은 불 꺼진 곳에 모이고
세모 잎들
하나로 포옹한 채 꿈꾸는 밤

은밀한 관계를 들키지 않으려면
모올래 어둠을 배웅해야 해
성큼 떠오르는 햇덩이에
지난밤 일들을 숨긴 채
아무 일 없었다는 듯
기지개 켜는 사랑초의 아침

오월의 자귀나무

아직 눈 뜨지 않은 그대여
반짝이는 아침이 수없이 돌고
다들 꽃으로 왔다 갔건만
그대의 겨울은 그다지 길기만 한가

훤칠한 가지마다 아기자기한 잎새
분홍꽃 고운 빛깔
짧고 긴 야한 꽃술
눈앞에 자꾸 서성이는데
선홍빛 앵두가 그대 이름 부르는 유월이면
여린 부채꽃 하늘대는 춤사위로
사푼사푼 우리 곁에 오시려나

해당화

허술한 뒤곁 문을 밀고 나서면
오로지 어머니의 호미로만 이뤄내는 텃밭이 있고
그 옆엔 자잘한 꽃이 예쁜 매화나무
함박꽃 과꽃 색색의 백일홍들이
채송화를 어르고 노는 꽃밭도 있다

꽃밭을 비켜 네댓 걸음 오르면
낮은 둑 아래 도랑물이 흐르고
김치 항아리와 수박 참외가 동무 먹고 노는 곳
한낮이면 해당화 작은 키로 그늘 주며 어울리고

가시나무 곁엔 가지 말라시던 말씀대로
세상살이 가시 피하며 살다가도
어머니 좋아하시던 해당화를 보면
나도 모르게 그 앞에 서 있곤 한다

때 묻은 머릿수건 땀 젖은 무명적삼
닮아서 반들대던 호밋자루 본 지 수십 년
하늘나라에도 꽃밭이 있다면
어머니의 해당화가 풍성했으면 좋겠다

게발선인장

소꿉동무
열 손톱 끝에
아직 남아 있을
봉숭아 꽃물 같이

겨울 길목에
선인장 꽃망울
맺혀 있다

강추위
문지방 넘어 오는 날
보란 듯이
게발 끝에서
붉은 나비로
마중하려고

매미

온 밤 내
귀뚜라미가 보챘다네
매미는 물러가라고
가을 주인공은 나라고

짧은 생의 기쁨을
한갓지게 노래하던 매미는
떠날 때가 되었음을 알고
세상 구경이 너무 아쉬워
억울함을 이기지 못하고
바람을 불렀다네
휘-익
싸-악
그해 태풍 매미는
오지게 한 성질부리고 사라졌다네

은행나무

언제부터 그곳을 지켰는지
아는 이 없는
사백여 년은 됐으리라는
가뭇한 흔적의 나무

모올래 피고 지는 꽃
틀에 박아낸 듯
단순한 잎 모양
어두운 밤
날렵하게 갈아입는 계절 옷

목덜미 간질이며 가는 계절 뒤로
천식 앓는 할배의 거친 숨소리가
나뭇가지 사이를 누비고 지날 때면
수북한 노란 잎들은 나무 아래 잠들고

우리 동네는 온통 금빛 물결로
가을을 마무리한다

겨울 속의 겨울

햇살 맑아 봄인가 하면
어느새 불볕더위 여름이고
가을이려니 하면
코끝 시린 겨울이다

우리 동네 이번 겨울은 유별나다
영하 십오 도를 예사로 오르내리고
수틀리면 이십 도까지
기온이 뚝 떨어진다

당연한 겨울 앞에서
보일러와 수돗물 얼릴까
안절부절못하는 사이
기름통 눈금과
통장 잔고가
바닥을 친다며
발 동동 구르는
이웃이 안쓰럽다

참새에게 반하다

바람이 불고
그 바람 사이로 눈이 켜켜이 스며 날린다
성글게 날리는 눈인데도 어느새 하얀 세상이 되어
창문 한쪽을 열고 생각 없이 바깥 풍경을 보는데
몸과 마음이 푸근해지고 여유가 생기는 건
아마도 연륜의 가르침일 게다

짹짹이며 참새 몇 마리가 앵두나무 밑으로 모인다
그 나무 아래엔 미처 눈이 침범하지 못한
섬 같은 맨땅이 있고 새들은 어찌 알고 그 땅을 찾아왔는지
흙에서 모이를 쪼며 꽁지를 까불까불하는 모습이
평화로워 보여서 커튼 뒤에 숨어 바라보다
진귀한 이 풍경을 같이 볼 사람이 없는 게 아쉬웠다

온통 하얀 산과 들과 나무와
한가로이 모이를 쪼아 먹는 참새들
방해될까 문 뒤에 숨어서 몰래 보는 여인
완벽한 한 폭의 그림이다

배불리 먹은 걸까

눈은 아직도 설렁설렁 내리고 있는데
눈발 헤치고 훌쩍 지붕 위로 날아가 보이지 않는다
얘들아 어디로 가든지 배불리 먹을 수 있고
너희가 견딜 수 있을 만큼만 추웠으면 좋겠다
먹이 구하기 힘들거든 앵두나무를 찾아오렴
쌀 한 줌 뿌려 놓고 기다릴 테니

설경에 취하다

십수 년 전
정월대보름 달맞이 간 동해안
달 없는 아쉬움을
한껏 수다로 채우고
늦잠에서 깬 아침

꿈에도 본 적 없는 순백의 도화지 같은
풍경이랄 것도 없는 모습에 어안이 벙벙해서
밤늦도록 짜놓은 오늘 일정은 깡그리 잊고
아침밥커녕 제가끔 서둘러 집에 갈 걱정뿐

체인 없는 차로 대관령 넘는 기사는 진땀 속에 말 없고
차 안의 객들은 설경에 취해
저마다 창밖 풍경에 환호성을 지른다
저기 좀 봐
저것 좀 봐
어머~ 어머~ 어머~

여럿이 모이니 말은 많고 겁은 없어서
이 멋진 풍경 속에서 죽어도 여한이 없겠다며

아우성 쳐댄다
하늘도 산도 들도 길도 구분할 수 없는
오싹하도록 새하얗던 그날의 눈꽃밭은
저마다 가슴에 남아 눈이 오는 날이면 다시 황홀하다

고드름

하늘도 얼어
노닐던 구름이 멈추고
신열 앓던 가슴이
냉기로 오그라들 때
세상과의 소통도 뜸했다

겨우내
물만 먹고 크던 고드름
뚝뚝 눈물 떨구며
사위어 가는 제 모습에
이별을 예감한다
겨울, 너와의 애증은 이제 끝났다

이팝꽃

바람이 분다
거리거리 흩날리는 누런 꽃잎
밟으며, 오월을 간다

거울을 본다
부스스한 잿빛 머리카락이
늙은 여자의 어깨로 올올이 눕는다

쇠락한 이팝꽃의 마른 울음과
머리카락의 긴 고뇌
허탈한 하루 노을만 곱다

너도 과일이냐

화려한 꽃들이 왁자지껄 세상을 흔들고 간 후
겨우 눈 트고 잎 트기 시작하는 나무
게으른 제 꼴이 부끄러워
몰래 꽃 피우느라 꽃구경 본 적 없지
밤이슬로 열매 여물리다
가을볕에 얼굴 내민다

볼품없는 꽃 모양새
눈여겨봐 주는 이 없는
연둣빛 작은 알맹이
그 오종종한 모습이지만
다산과 다복을 의미한다고
큰 상차림엔 귀한 몸으로 대우 받는 대추
탯줄 끊기는 순간 자글자글 촘촘해지는 주름
너도 과일이냐

3부

그대였으면

밤에 쓰는 시

코끝이 서늘해
눈을 뜨니
바람 한 줌 휘돌고
달빛 한 조각이
방을 밝히는데
창 너머엔
낯익은 얼굴 하나

세상은 돌고
사랑은 넘쳐 나는데
그대와 나의 오랜 마음은
아직 제자리에 머물고
창밖엔
점점 멀어져 가는 그대 모습
난
이유 모를 뒤척임으로 밤을 지새운다

목침木枕

밋밋한 나무토막에 불과한 나를
깎고 다듬어 애지중지하던
그 어른 떠난 여러 해 동안
켜켜이 내린 먼지에 덮여
뒷방 신세 지고 있다

쓸모도
볼품도 없고
알아주는 이도 없는 천덕꾸러기
그래도 여직 쫓겨나지 않음은
간간이 애련한 눈길 주는
한 여인의 미련 때문이리라

퍼포먼스

건장한 사내 둘이 주인공을 들어 철 침대에 누인다
같은 옷을 입은 여자 서넛이 부산스레 오가고
그중 한 여자가 주인공의 눈을 열어 보고
맥을 짚고 혈압과 열을 재는 동안
남자 주인공은 모른 체 눈 감고 숨을 몰아쉰다
튼튼해 보이는 여자가 침대 위의 남자 옷을 벗긴다
윗옷에서 아랫도리까지 날렵하게
주인공은 부끄러움을 참느라 입을 씰룩이고
그런 그의 표정이 도도해 보이기도 하고
가엾어 보이기도 할 때
투명 호스가 코로 입으로 가슴과 손등 위로
그리고 저 아랫도리로 거미줄처럼 정교하게
선을 긋고, 그를 주시하던 모든 시선이 흩어진다
실수 없이 무대 연기가 끝났는데
주인공은 깊은 잠에 빠진 채
연기 중이다
망연히 바라보던 관객들이 하나 둘 빠져나간다

이승이 저승에게

오석이 즐비하게 줄 선 산허리
한 남자의 이름 앞에 선다
이승에서의 남자를 기억하면서
기복 심한 감정을 다독이다가
산기슭 소나무를 쳐다보다가
전깃줄에 까마귀를 바라보다가
끝난 미움 꺼내들고 아파하다가

옆집 여자 이름이 복스러워서
나이 차이가 적당해서
왠지 예쁠 것 같아서
싱겁게 혼자 상상하다가
넌지시 요런 말을 건넨다
젊고 예쁘고 복스러운 여자 소개할게
친구 하실라우
싫지 않은지 싱긋이 미소 짓는다
내 그럴 줄 알았지

이승에선 어림도 없던 선심이
저승 보내곤 어째 이리 헤퍼지는지
별 것도 아닌 세상을 얽매여 살았으면서

가을 단상

가을은 가볍다
하늘도
햇살도
떨어지는 나뭇잎도
꽃을 이고 흔들어 대는
코스모스 국화도
가볍다

이 가을에
무거운 건 오직 하나
보이지도 잡히지도 않는
그러나 천만근의 무게로 넘나드는
이내 마음만
무겁다

망부석으로 서다

손수건 한 장으론
감출 수 없었던
그날의 슬픔으로
비가 옵니다
빛 곱던 해바라기도
고개를 떨구고

수채화 물감으로
곱게 그리던 무지개
먹물 되어 강 이룬 후
그리움 끝에
색 바랜 편지 한 장
꺼내 읽다가
왕방산 기슭에
망부석으로 서 있는
비 오는 날에 자화상

밀양 남자

남천강의 개헤엄과 모래밭 씨름판
강나루 솔밭의 추억을 잊지 못하는 이들이 모여 드는 곳
계단을 오르내리며 꿈을 키우던 영남루가 있고
나라가 어려움에 처했을 때
눈물을 흘린다는 예견의 비석과
여름 앞에 당당한 천연 얼음골이 있는 땅

그곳엘 가면
꽃 같던 어머니가 곳곳에 숨어 아들 반기고
아장발로 누비고 다니던 골목길의 흔적들
하루도 그 언저리를 가슴에서 내린 적 없는
한 남자의 추억이 배인 도시

술 한 잔이면 너털웃음 절로 나고
두 잔이면 단번에 형님 아우가 되고
석 잔엔 망향가를 부르던
몽매에도 잊지 못한 그의 도시 밀양

나는 술래

보이지 않고
대답도 없고
어디 있을까

눈시울 안에
목젖 그 뒤에
숨어서

뜬금없이
손짓하는 그대
이제 찾았네

수단과 조건

밥 한술
물 한 모금
한잔 술을 놓친
덧없는 날들

촉촉한 눈시울
시름 찬 가슴
마주 볼 수 없는
엇갈린 삶

남편이 아내를 볼 수 있는 수단은
금방 끊어질 듯한 숨소리 하나뿐이고
아내가 남편을 볼 수 있는 조건은
때 묻지 않은 지폐 뭉치가 전부이다

무쇠 한 조각

시뻘겋게 달군 무쇠 조각 하나를
무수히 두드리고 다듬어야
사람이 필요로 하는 도구가 됩니다
무쇠의 그런 고통과 대장장이의 땀과 인내심이 없다면
기역자의 낫이나
도끼 호미들은 없습니다

그렇다면 전지전능하신 분이시여
이 몸을 어디에 쓰시려
이토록 긴 시간 담금질하십니까
당신에게 필요한 도구가 있으시다면
기꺼이, 한 조각의 무쇠가 돼 드릴 테니
긴 고문 마시고 한 말씀만 하소서

마지막 유혹

겨울 앞에서 머뭇거리는 가을바람이 얄밉던 날
허구한 날 푸른 담요 한 장이 이부자리의 전부인 그 사람은
푸른색의 익숙함에 지루한 줄도 모른다

손가락 눈꺼풀 하나
의지대로 움직이지 못한 지 몇 개월째
나날이 초췌해지는 모습을 지켜보며
침대에 걸터앉아 관절과 근육 운동을 시키는데
툭 옆구리를 치는 큰 느낌에 놀라 담요를 들춰보니
시침을 뚝 떼고 제자리에 있는 못생긴 발
그뿐인데 단지 그게 전부인데 움직였다는 사실에
가슴이 뛰고 얼굴이 달아오르고
걷잡을 수 없는 미묘한 감정을 누르며
망연히 창밖을 보니
노을 고운 먼 먼 하늘
우리 사이 홍등을 켰던 무수한 어느 밤보다
뜨거웠던 그날 해 질 녘의 유혹

오징어의 한恨

동해 바다 누비던 내가 죽어
등뼈 보이는 투명 봉지에 몸을 펴고 누워
불지옥을 상상하는 영어의 몸이 되었다
한창 시절에 나를 괴롭히는 모든 것들에게
먹물로 항거한 적은 있지만
인간들은 그러면 못 쓰지
아무런 죄도 없는 나를
불 석쇠에 올려놓고
이리저리 뒤적이며
전신이 오그라들도록 주리를 틀고
그것도 모자라서
몸 찢고 다리 찢고
갈가리 찢어 씹으며
맛이 있느니 없느니 생트집을 잡는다

전생에 무슨 악연이 이리 눈물겨울까

먼 사람

그를 만나러 가는 날은 마음이 급하다
잘 있을 줄 알면서도 궁금하고
기다릴 것 같아
그냥 조바심이 난다

산세가 수려한 그가 있는 동네는
계절이 바뀔 때마다
처음 와 보는 곳 같이 두리번거리게 한다

호기롭게 큰소리로 그를 부르지만
점잖은 그는 말없이 미소로 답하고
화병에 꽃을 꽂으면 그제야 아는 체하는
한 박자 늦은 사람

전시戰時엔 피 한 방울 맞잡이라고
아껴 마시던 소주를 권하고
과일 안주를 거들며 이야기꽃을 피운다

태평양을 오가던 애 터지는 그 시절의 편지
새로 맞춘 금테 안경을 그날로 잃어버린 사건

술 취해 집 못 찾고 경찰 신세진 일 등
부끄러워 고개 숙인 그에게
기어이 소주 한 병을 다 먹이고
탈탈 털고 일어선다

기다리지 마셔!
정 떨어지게 한마디 뱉고 이만큼 와서
뒤돌아보니, 팔짱을 끼고
매정한 여자의 뒷모습을
멍하니 바라보고 있는 그가 낯설다

절규

음-매애 음-매애
소가 부르는 노래를 들어 본 적 없고
울음은 더더욱 상상해 본 적 없어서
소 제 짓하는 거려니 흘려듣다가
음-매애가 어느 순간 엄-마아 소리가 분명해
제풀에 놀라 뒤돌아본다 엄-마라고
더위가 힘들다는 하소연인지
어디가 아파 괴로워 내는 신음인지
여러 마리 중에 유독 저 놈만 질기게 소리칠 일이 뭘까
시간이 갈수록 그 소리가 간절해지니
필경 저 놈에게 무슨 사연이 있으리라
궁금함에 목장 근처를 기웃대다
주인을 만나 뭔 일 있냐 묻는다

새끼가 죽어서 그래요
아무렇지 않은 얼굴로 답하는 그가 섬뜩하다
새끼가 죽었다고
예민한 놈은 사나흘도 울고
목이 쉬어 소리가 안 나도록 울기도 해요

온몸으로 우는, 목이 터져라 울 수밖에 없는
물 한 모금 넘기지 못하고 마른 울음 우는 어미의
찢어지는 가슴
엄-마아 엄-마

전화기로 보는 저 편

누구나 손전화를 몸에 달고 사는 세상인데
요양원에 계신 시부모님께 전화 드린 지 여러 날
설 지낸 후
어머님이 즐겨 드시던 보름밥을 짓다가 생각나
전화드리려는데
온 집안이 들썩이도록 소리쳐도 지친 듯 작은 목소리로
들려오는 대답이 너무 측은하다

누고? 니가 누고?
큰며느리 목소리도 가늠 못하시고
되물으시니 안쓰럽고
오히려 힘들게 해 드리는 것 같아
전화하지 못하는 이유를 모르시고
자주 전화 않는다고 타박하신다

여러 자식 거느리고 당당하게
대장부 기질로 가정을 이끌어 오신
어머님의 세월은 덧없이 가고
찾아 뵐 때마다 점점 더
쇠잔해지시는 모습이 안타까워서

늘 손 안에 든 전화기로도 자주
안부 드리지 못하는 핑계를 이렇게 대 본다

그대였으면

묵묵히 서 있는
저 미루나무 그림자가
담장 너머 기웃대던
그대였으면

지나가는 갈바람에
흔들리는 나뭇잎이
반가움에 손 흔들던
그대였으면

초저녁 잠 설치는
소쩍새 저 부름이
휘파람 불어주던
그대였으면

무수히 뜬 저 별들이
초롱초롱 나 기다리는
그대 눈빛이었으면
참으로 좋으리

이른 아침에 1

가게 문 열자 들어 온 손님
잠 덜 깬 미소로 눈인사하는데
깊이 고개 숙이며
담배 한 갑을 주문하고
동전 한 움큼을 건넨다
400원이 모자라는데요
지나가는 길에 드릴게요

움츠러든 어깨
굽신거리던 몸짓
망설인 듯
겸연쩍은 웃음

오늘 아침 400원에 그의 시름 모두를 샀다

이른 아침에 2

아직도 로또 일등 못 잡았냐며
10년 해후를 한마디로 줄인다
색 바랜 작업복에 깊어진 주름살
미소 끝에 일그러지는 입매
해마에 갇혔던 400원의 기억은
느닷없이 튀어나와
10년 전 그날 아침이 생생한데

다시 안 봤으면 좋았을 걸
여직도 버거워 뵈는 삶의 징함
주섬주섬 거머쥔 물건 값에
끝전을 떼고
문 밀고 나서는
헐렁한 그의 바지춤이 애련하다

그리움

누가 그 사람 안부를 물으면 그저 웃지요
아무 일 없었던 예전같이 환하게
내 일이 누구의 가슴에 슬픔이 되는 건 싫어요
그리그리 세월 가면
가슴에 멍이 삭아 흔적 없어질 즈음
그저 그런 얘기로 덤덤히 말할 수 있을 때
아니, 평생 그런 날이 오지 않는다면
그냥 가슴에 깊이 묻고
오래 전 그때로 돌이기 내숭스레 살래요

전화기에서 멀어지고
우체통을 떠난 그 이름 석 자가 안타깝지만
한 번도 그리움에 울어 본 적 없는 여자처럼
늘 웃으며 살려구요

나들이

고작 하룻밤 자고 올 나들이 길인데
여러 날 수선스럽다
기약 없는 길을 가는 것처럼

밑반찬 국거리는 그렇다 쳐도
장독대 욕실 청소가
뭐 그리 급하다고

천 년 후에 올 사람처럼
만 년 후에 올 사람처럼
온갖 당부로 가족들 무장시키고 떠나는
설레는 하룻밤 길

4부

앵두가 익을 때면

엄마의 체증

이 몸의 전부를 점지해 주시고
나의 내면까지도 그분이 갖추어 주신 것인데
그래도 딸만 보면 뭘 줄까 고민하시는 빛이 역력하다
고춧가루 한 사발, 참깨와 찹쌀을 손에 쥐어 주시려
애쓰시는 게 안쓰러워 싫다고 고만 두시라고 팔을 젓다가
기어이 버럭 화를 내며 내던지고 오는 발걸음이 천근인데

아무리 철없이 컸기로서니 엄마 마음 모를까
나야 올케 눈치가 아무래도 좋지만
엄마가 맞을 눈총이 불 보듯 뻔해서
냉혹히 뿌리치고 내 집 오는 길엔
괜한 부아가 치민다

겨우 밥 세끼 먹고 사는 딸에게
쌀 한 톨이라도 보탬이 돼 주고 싶은 그 맘
막둥딸이 늘 아픔이셨겠지
아마도 평생 뚫리지 않는 체증이셨을 거야
나의 머리카락 한 올까지 엄마가 주셨음에도
더 더 챙겨주고 싶어 하시던 그분이
오늘 사무친다

여름 별미

까슬한 호박잎
살짝 쪄서
파랗게 저녁 밥상에 올린다

젊은 입맛엔 탐탁지 않을
쓰지도 달지도 맵지도 않은
덤덤한 그 맛이

우리네 입맛엔 딱이야
떫고 텁텁한 인생의 별미처럼

몽돌 애환

동글동글한 모양이
예쁘고 고와서
한 알쯤 손에 넣고 싶어 하지만
하루에 얼추 칠십만 번씩
출렁이는 물결의 시달림을 안다면
함부로 몽돌 한 알을 탐낼 순 없다

맺힌 데 없이 부드럽고
한없이 너그럽다가도
거품 물고 철썩이며 덮쳐오는
파도의 변덕을 본 적 있다면
어찌 몽돌을 예사로이 볼 수 있을까

수수만년이 가도 벗어날 수 없는 업보
패이고 거칠던 본래의 모습이
동글게 윤이 나기까지 겪어 온 시련
살점이 떨어지고 닳고 닳아
만들어진 고통의 산물임을 아무도 모른다

그림자놀이

학교 끝나고 집에 오는 시간이
늘 한나절인 때가 있었다
집이 제일 멀어
같은 반 동무들을
이 동네 저 동네 하나둘씩 떨구고
끝내는 그림자와 나 둘이 남으면
나만 아는 놀이를 한다

하루에도 몇 번씩 키가 컸다가 작아지고
뚱뚱했다 날씬해지는 요술쟁이 그림자
내 키가 저만큼만 컸으면
저렇게 날씬한 어른이 되기를
그림자 보며 주문 외우는 동안
어느새 큰 마당에 이르고
다정한 엄마의 목소리
얘야! 밥 먹어야지

달달봉 고개

마을과 마을을 가로막고 선 나지막한 고개
이 동네 여남은 가구, 저 동네 대여섯 가구
사람들도 별로 없는 가난한 시골 동네

너무 심심해
아버지 지게 다리에 고무줄 걸고
한 끝은 나뭇가지에 홀쳐매 놓고
고무줄뛰기 하다가 적적하고 재미없어
동무 찾아 슬그머니 달달봉 고개 넘어 간다

뒷동산에 올라 신나게 가마니 타기
동생 따돌리고 우리끼리 숨어 노는 것도 재미져
점심밥 거르고 조잘조잘 놀다 보면 금방 해거름
갈 때와는 달리 집에 오는 길은 왜 그리 멀고 싫던지
축 늘어진 어깨로 타박타박 달달봉 고개를 넘어오면
보이는 엄마 모습 그제야 냅다 뛴다

어둡기 전에 들어와야지
늦게 다니면 못써

밤이면 달달봉 고개에 달걀귀신이 나와 애들을 잡아간대요
그 말씀에 소름이 끼쳐 다시는 넘지 못한 그 고개

달걀귀신이 겁나지 않을 나이가 되니
총각귀신에게 잡혀가 뿔뿔이 흩어진 그때 그 동무들

잠방이

풀 한 짐 베어 외양간에 부리시고
툇마루에 걸터앉아 궐련 한 대 피우신다
그을린 얼굴엔 구슬땀이 서너 말
냉수 한 사발 공손히 올리면
단숨에 벌컥벌컥 들이켜시곤
허튼 트림이 길다

아버지의 낫과 지게
하루 종일, 일 년 열두 달 내내
질리지도 않는지 손에서 놓을 줄 모르시던
닳고 닳아 윤이 나던
아버지의 유일한 노리개

여름을 나시던 아버지의 옷은
늘 땀에 젖어 마를 날 없던
삼베 잠방이 두 벌
볕 좋은 오늘
아버지의 잠방이가 빨랫줄에서
보송보송 펄럭이고 있다

앵두가 익을 때면

바깥마당엔
잘 익은 보릿단이 펼쳐지고
나이 드신 부모님의 도리깨가
한 번 땅을 칠 때마다
땀방울이 쏟아지고
보리수염은 허공을 맴돌다 베적삼에 꽂힌다

앵두가 익을 즈음
아이스케키 청년의 외침에
열매 따던 어린 손은
도리깨질하는 엄마 얼굴 쳐다보며 조바심친다
동전 한 닢 얻어 색소 짙은 얼음과자 하나
손에 들고 쉴 새 없이 흐르는 국물만 핥다 보면
어느새 빈 물 뼈다귀뿐
얼음과자 통 멘 청년은 무심히 가고
끈적이는 어린 손은 우물가 도랑에서 장난질 친다

열한 살의 여름은 빨갛다

여름 방학 당번 날
타박타박 학교엘 가는데
말동무도 없는데 땀은 흐르고
한 발 한 발 뗄 때마다
먼지는 풀풀 나고
학교는 왜 그리 먼지

할 일도 별로 없는
당번 책임 다 하고 돌아오는 길은
한나절 훌쩍 넘은 시간
더위와 허기짐으로 축 늘어져
낮은 언덕 모퉁이를 돌아오는데
갈 때는 보지 못한 산딸기가
언덕 위에 널려 있다

눈이 번쩍 뜨여
허겁지겁 허기를 산딸기로 배를 채우고
기분 좋게 언덕을 뛰어 내려오다 그만 넘어져
종아리를 싹 밀었다
금방 딸기 빛 진한 피가 다리에 번진다

너무 아파 화가 나서 엉엉 울고 싶었지만
울음을 꾹 참고 다리를 끌며 집에 오니
엄마가 기겁을 하신다

혀에 감기던 달큰한 맛과
다리에 맺힌 핏방울이 생각나면
한창 나대다가도
아픔을 속으로 삭일 줄 알던
어렴풋이 철들기 시작한
열한 살의 여름

그 집

봄이면 우물가에 수국이 만개하고
울타리엔 황매화가 흐드러지게 피던 집
초가지붕 박꽃은 보름달로 환하게 웃고
미루나무에 까치 울면 손님 오셨지
조붓한 툇마루는 소꿉놀이 좋았고
무쇠 솥에 숭늉 구수하던 집
고부간 다듬이질 소리에 깊어가던 밤
큰 마당 가로지른 뒷간은 오싹한 전설 많기도 했지

어둑새벽 대문 빗장 여시던 아버지와
늦은 밤 빗장 거시던 어머니가 함께 살았던
316번지 그 집

아버지의 짐

볕에 그을린 살갗은 질그릇 빛
숭숭 구멍 난 러닝셔츠 벗으면
수수 멍석 같던 아버지의 등
그 등에 목물 해드리던 어린 손도 아팠다
큼직한 지게엔 늘 짐이 넘쳐서
견디다 못한 땀띠는 피가 맺혔지만
아프단 한마디 없이 일만 하셨지

산으로 들로 놀러 다니며
맛난 것 먹고 구경 다니다
문득
아버지의 무거운 등짐이 나였음을 알았다

호박나물과 엄마

달달하고 맛있는 호박이라며
친구가 호박 하나를 건넸다
신문지에 싼 물건을 받아드니 제법 묵직하다
이걸 메고 오느라 힘들었을 텐데
생각해 주는 맘이 고마워 덥석 받았다

다음날 아침
호박을 숭덩숭덩 써는데 느닷없이 엄마가 떠오른다
냄비에 호박을 넣어 자작하게 물을 붓고
새우젓으로 간을 한다
마늘 깨소금 양념을 쳐 상에 올린다
무쇠 솥밥에 호박나물 올리고
고추장 한 술 들기름 한 방울 둘러 썩썩 비비면
둘이 먹다 하나 죽어도 모를 그런 시절이 있었다

평생 시골 아낙으로 사셨지만
고운 옷매무새 정갈한 음식 솜씨
단아한 쪽머리에 손마디 굵던 엄마
나물 간을 보고 또 봐도
엄마가 해주시던 그 맛은 아니다

호박나물 한 접시에 밥상은 넉넉해지고
엄마 생각에
시간 가는 줄도 모르고 밥상머리에 앉아있다

명품족

명품을 지녀 볼까
진품으로 견딜까 갈등으로 잠을 설치고
눈물을 머금고 명품으로 거듭날 것을
결정하니 차라리 마음이 편했다

회복실 천장이 눈부시더니 그때부터
팍팍 쑤시고
콕콕 찌르고
씀벅씀벅 아리고
명품을 갖기 위한 절차의 끝을 향해
온통 고난도의 불꽃놀이가 한창이다
상상을 초월한 고통은 눈물의 기도가 되고

장인이 공들여 만든 명품 다리를 지닌 나는
누가 뭐래도 이제부터 명품족이다

어릴 적 친구들

밥그릇 숫자대로 뛰던 시절은
잠시 우정을 성글게 하고
잿빛 머리카락을 이고서야
동무들이 그리워지는데
세월이 쉼 없이 흘러
은발이 거울 속에 빛날 때
간절해지는 오래된 안부

여러 번의 흔들림 끝에
어울려 먹는 한 끼의 밥과
한 잔의 커피 속에
때 묻은 수다를 풀어놓고
엉성해진 머리 속을
서로 들여다보면서
묵은 우정을 촘촘히 심어 보자며
허허로운 웃음을 웃어 보는
어릴 적 친구들

할미탈

거실 책장으로 이삿짐으로 끌려 다니던
사진첩이 그답게 표지가 떨어지고
색이 바래인 것을 뒤적이는데, 갈피마다 살아온
세월이 녹아 있어
감추거나 지울 수 없는
진실한 과거를 본다

젊은 날의 표정들이 하도 풋풋해
그런 시절이 정말로 있었는지 의심도 되고
아이들 크는 과정과
어른들 나이 드는 모습이 한눈에 보여
서글픔이 밀려오기도 한다

살아오면서 기대고 의지하던 언덕은 무너져
다시 볼 수 없는 얼굴이 되어
사진첩에서만
천연스런 모습들로 웃고 있다
날이 갈수록 사진첩 주인공들은 사라지고
그날의 기분과 분위기도 잊힐 테지
돌아갈 수 없는 꽃시절을 그리워하며

사진처럼 배시시 웃어본다
거울에 비추인 모습이 할미탈이다

박 영감과 막걸리

산 아래 외딴 곳에 혼자 사는 박 영감의 얼굴은
주름살로 가득하고 그 골마다 외로움이 촘촘하다
아침나절이면 마을 입구까지 한참을 걸어 내려 와
막걸리 한 사발을 마셔야 힘이 난다며
막걸리 사들고 싱긋이 웃으며 가는 영감님의 등이
여름날에도 시리다
오후엔 심심해서 운동 삼아 왔다며 막걸리를 사가고
저녁엔 한 사발 마시고 잠을 청해야겠다며
또 한 병을 들고 가는 영감님의 처진 어깨가
그지없이 안쓰럽고
저러다 알콜중독이 되면 어쩌나 걱정도 된다

막걸리 한 사발이면 추운 날엔 몸과 마음이 따뜻해지고
더울 때는 목마름도 달래주고
밥 대신 허기를 잊게 해주는 끼니가 되기도 한단다
단내 나는 삶의 무게로 잠 못 드는 밤이면 수면제가 되고
어머니의 자장가가 되기도 하는 막걸리
세상이 영감님께 허락하지 않은 소소한 일들을
너그럽게 받아들이도록 용기를 주고
용서의 마음을 주는 탁한 감로수

희망이나 사랑 따윈 가슴에서 사그라지지 않는
옹이가 된 지 오래고
시간을 이길 수 있는 여유를 주는 건
막걸리인가 보다
점점 막걸리 예찬론자가 되어 간다 박 영감처럼

어린 자화상

동그란 눈을 보고 똘똘하게 생겼다고
묻는 말에 또박또박 답하니 똑똑하다고
시골 볕에 그을린 살갗은 칙칙하고
얼굴엔 마른버짐이 꽃으로 피었지
햇가지인 듯 약해서 애처롭던 팔다리
밥 많이 먹어야겠다며 등 두드려 주던 어른들

작은 키를 귀엽다고
버짐 핀 얼굴을 예쁘다고
조용한 성격을 착하다고
사랑 찬 말로 용기를 주며
머리 쓰다듬어 주던 이웃들
노란 머리 보고 친구 엄마는 놀렸어, 튀기 같다고
애 듣는데 별소릴 다 한다며 눈 흘겨주던 울 엄마

낚시터에서 1

값비싼 낚싯대와
새로운 미끼 챙겨
붕어와 잉어를 낚으려는 건
희망사항

희망사항을 붙들고
하루를 물에 담그면
물가에 얼비치는 얼굴 하나

명퇴한 만년 과장은
말 잃은 지 오래되고
저수지에 그냥 산 그림자로 젖는다

낚시터에서 2

머리 허연 그대여
오늘은 어떤 미끼로 고기를 유혹하려나
어린 고기 밑밥에 살 오르고
능청스런 늙은 고기 입질로 애태우고
이제나저제나 그놈들 기다리다
백발 되었나

밤새워 낚시터 지킨 그대여
추억은 얼마나 낚았는가
입질로 애태우는 고기 때문도
고단한 인생사 때문도 아닌
탐스러이 피어나는 새벽 물안개가
자네의 머리를 희게 물들였음을
이제야 알았네

일개미의 푸념

도망칠 궁리를 가슴에 안고 산다
갈 곳이 없다는 사실을 알지만
이 대열을 벗어나면
여기보다 못한 세상은 없다는
막연한 믿음은
무슨 일이 있을 때마다
온통 머릿속을 헤집고 다닌다

길이 멀어서, 다리가 짧아서
도망 못 치는 게 아니고
눈 찔끔 감고 살아 온 세월이
너무 아까워서 매달렸다
하나님 보다 근엄한 여왕 앞에서
충직한 일개미로 산다는 건
희망의 절반을 잃은 삶이다

생맥줏집 풍경

왁자지껄한 생맥줏집에서
사내 맞다고 주장하는 늘 봄인 남자와
해박한 지식을 미끼로 수다스런
시근 없는 여자가 어울려
밤 깊어가는 줄 모르고 시끄럽다

술은 차암 좋기도 하다
초면인 사람을 구면같이
구면인 사람을 초면처럼
반색하며 밤을 샐 수 있으니

먼발치 수선화 한 송이가
빙그레 웃는다
그도 술에 취해서

김수노기 시집 『소소한 이별 예정』을 중심으로

흔적의 시간과
삶의 회상공간으로서 시적 변용

김경수 (시인, 문학평론가)

흔적의 시간과 삶의 회상공간으로서 시적 변용

— 김수노기 시집 『소소한 이별 예정』을 중심으로

김경수 시인, 문학평론가

1 들어가며

"그것을 쓰지 않으면 죽을 수밖에 없는가? 쓰지 않고는 못 배길, 죽어도 못 배길 그런 내심의 요구가 있다면, 그때 너는 네 생애를 이 필연성에 의해서 건설하라."고. 이런 무시무시한 권고를 한 독일의 시인 마리아 릴케는 〈브리게의 수기〉에서 다음과 같이 말했다.

'사람은 전 생애를 두고, 될 수 있으면 긴 생애를 두고 참을성 있게 기다리며, 의미와 감미를 모으지 않으면 아니 된다. 그러면 아마 최후에 겨우 열 줄의 좋은 시를 쓸 수 있게 될 것이다. 시는 보통 생각하는 것 같이 단순히 감정이 아닌 것이다. 시는 체험인 것이다. 한 가지 시를 쓰는 데도 사람은 여러 도시와 사람들과 도시들을 봐야 하고, 짐승들과 새의 날아감과 아침을 향해 피어날 때의 작은 꽃의 몸가짐을 알아야 한다. 모르는 지방의 길, 뜻하지 않았던 만남, 오래전부터 생각하던 이별, 이러한 것들과 지금도 분명하지 않은 어린 시절로 마음 가운데서 돌아갈 수 있어야 한다.

박용철(朴龍喆, 1904. 6. 21~1938. 5. 12)의 '시적 변용'에서 인용.

시를 써야 시인이다. 시인이란 이름의 장식을 즐기는 사람들과 어떤 구별을 짓는 게 아니라 시인의 의식 속에 언제나 꿈틀거리고 있는 글에 대한 집념이나 그의 삶이 육화되어야 한다는 것이다. 김수노기 시인의 시를 들여다보는 내내 그는 시를 위해 몸살을 앓은 흔적들이 시집 전편에 긴장되어 있음을 발견할 수 있었다.

모든 문학인이 그렇듯이 그 사람의 삶을 들여다보면 그의 내면에 흐르는 정서와 감성을 느끼게 된다. 위 인용의 글에서처럼 긴 생애를 참을성 있게 견디며 오랜 흔적의 시간을 연어처럼 거슬러 올라 심상을 더듬어 인간다움으로 따듯한 인정人情을 노래하는 시인을 만나보고자 한다.

김수노기 시인은 경기도 양주에서 태어나 2006년 문예지 《해동문학》을 통해 등단, 그동안 동두천에서 활발하게 문학 활동을 하는 중견 시인이다. 그동안 꾸준히 시심을 가꾸며 동두천 시민예술대학에서 열심히 창작 수업을 통해 자신만의 영역을 탐구하여 왔다. 솔직담백하며 맑은 성품을 지닌 시인의 내면처럼 작품도 깔끔하며 군더더기가 없다. 그에 대한 마중물로 이번에 첫 시집 《소소한 이별 예정》을 발간하게 되었다. 물론 등단을 따져보면 18년 만에 첫 시집을 내게 되는데 주변의 동료 시인에 비해 늦은 감이 있지만, 이는 그만큼 숙성된 글 밭을 가꾸기 위해 심혈을 기울였다는 증거이기도 하다. 물론 시인의 여러 가지 삶의 환경적 제약도 있었으리라 생각해 본다.

이번에 김수노기 시인이 상재하는 시집에는 총 70여 편의 시가 실렸다. 전체적인 주제를 먼저 살펴보면 자신에 대한 고백적 체험의 작품군들이 대부분 차지하고 있음을 알 수 있다. 사람, 자연, 삶, 생명, 그리움, 아쉬움, 회한 등 주변의 이야기와 함께 내면의 성찰의식을 표출하고 있음이다. 특히 제3부에서는 그야말로 청천벽력과도 같은 황망하게 곁을 떠나보내야 했던 자신의 남편과의 이별을 몹시도 안타깝게 생각하는 시인의 애절함이 묻어있다.

이제 그의 시를 감상해 보고자 한다.

2 시인의 긴장된 마음과 애상스러움

무심코 나선 길이 어느새 네 언저리이고
설 자리 없는 네 곁을 바람으로 오가다
마주치면 넌 껍데기뿐인 걸
그래도 널 향한 마음이 늘 내게 있어 다가선다

넌 내게 뜨거운 사람
온전히 내게 스며들기를 고대하던 겨울 가고
내 입김으로 따습고 싶던 봄이 떠도는데
내 방황은 길고 깊게 골이 져서
네가 보듬기엔 버거운 딴 세상 이야기지
바람 이는 내 곁을 서성이는 네게
꽃 편지 한 장 고이 접어
마음 갈피에 끼우고 점점 희미해지는

네 뒷모습을 떨치려 눈을 감는다

-「내게 부는 바람」 전문

김수노기 시인의 시의 형태가 대부분 화자 지향형의 형식을 취하고 있는데 이것은 시인 자신의 가슴속에 들끓고 있는 감정이나 정서 등이 드높은 고뇌를 토로하기 위한 표출의식의 한 방법일 것이다. 자기감정은 누구보다도 자신이 가장 잘 알기에 아주 섬세하게 표현할 수 있기 때문이라 생각한다.

위 인용 시의 시적 동기를 추론하면 누군가를 기다리는 화자의 마음을 애련하게 그리고 있다 할 것이다. "무심코 나선 길이 어느새 네 언저리이고/설 자리 없는 네 곁을 바람으로 오가다/마주치면 넌 껍데기뿐인 걸/그래도 널 향한 마음이 늘 내게 있어 다가선다" 항상 마음속에 간직한 누군가를 항한 마음이나. 대상을 아직도 사랑하지만 다정한 이야기와 정을 현실적으로 나눌 수 없는 허무의 타자이기에 "껍데기뿐"이라 했을 것이다. 회고적回顧的 마음인 것이다. 그렇지만 서로가 잊지 못하고 서로의 곁으로 다가가려는 그 마음은 아직도 "넌 내게 뜨거운 사람/온전히 내게 스며들기를 고대하던 겨울 가고/내 입김으로 따습고 싶던 봄이 떠도는데/내 방황은 길고 깊게 골이 져서/네가 보듬기엔 버거운 딴 세상 이야기지" 대상과의 별리에 대한 화자는 그래서 스스로의 입김으로 따스해져야 하고 보듬을 수밖에 없는 존재라면 잊을 수밖에 없는 자신의 감정을 역설적으로 풀어내고 있다. "바람 이는 내 곁을 서성이는 네게/꽃 편지 한 장 고이 접어/마음 갈피에 끼우고 점점 희미해지는/네 뒷모습을 떨치려 눈을 감는다"에서 '바람'은 시적 화자가 겪어온 시련과 고난의 시간을 함축적 의미로 사용했다고 보인다. 그래서 시인은 그 시절을 아파하며 꽃 편지 한 장 고이 접어 마음의 갈피에 끼우고 점점 희미해지는 어쩔 수 없는 세월의 흐름 속으로 대상에 대한 뒷모습을 떨치려 눈을 감는다고 하였다. 참으로 떨쳐 버리려 해도 떨쳐 버릴 수 없는 화자의 마음이 애상스럽다.

다음 시를 보도록 하자.

보이지 않는 바람조차
이겨 낼 힘없어
아스팔트 위를 뒹구는
빈 깡통 하나 있다

누군가
단 한 번의 입맞춤에
오장육부를 털어주고
버림받은 네 신세랴

데굴데굴 뎅그렁
이는 바람에 밀려다니다
누구의 발끝에
그 생을 짐 지울꼬

–「빈 깡통」 전문

위 시 또한 시적 화자에 대한 삶의 흔적과 아쉬움이 '깡통'이라는 객관적상관물客觀的相關物을 통해 생生의 공간을 표출하고 있다. 자신에게 닥쳐온 시련(바람)조차도 이겨 낼 수 없다는 화자의 지금의 심정을 적절하게 표현, "보이지 않는 바람조차/이겨 낼 힘없어/아스팔트 위를 뒹구는/빈 깡통 하나 있다"라며 화자의 처지를 아스팔트 위에 뒹구는 빈 깡통의 존재로 나타내고 있다. 그러면서 누군가에 일평생 자신의 모든 것을 주었을 것을 생각하며 지나온 시절을 반추하는 인식에서 몰려오는 신세의 고독감을 표출하고 있다. "누군가/단 한 번의 입맞춤에/오장육부를 털어주고/버림받은 네 신세랴"에서처럼 그 누군가에게 인위적이던 인위적이지 않았든 간에 자신의 지지자요 보호자였던 자에게 단 한 번의 입맞춤에 오장육부를 털어 주고 버림받은 신세의 마음이란 어떤 것일까? 라는 물음표를 따라 마지막 3연을 들여다보자. 자기를 아는 것과 자기를 이해하는 것, 자신을 돌아보는 것. 이 모두를 함축적으로 현실에 처한 화자의 내면적 혼란스러움을 솔직 담백하게 이야기하고 있다. 다시 말해 자기를 알아차리는 존재를 자각하고 그 존재가 현재 어떤 상황 속에 있다는 것을 확인하지만 불안한 생을 누구에게 짐 지울지에 대한 화자의 깊은 내면에서 방황하는 갈등을 엿볼 수 있다. "데굴데굴 뎅그렁/이는 바람에 밀려다니다/누구의 발끝에/그 생을 짐 지울꼬"라며 화자에게 닥쳐올 많은 변화로부터 절망을 확인하는 의식의 발로로 보인다. 김수노기 시인의 이러한 절망적 의식은 그가 어디에 어떤 모습으로 언제까지 존재하느냐에 따른 인식 앞에 대응하려는 시인의 긴장된 삶을 말하려는 것이다.

3 인연을 그리워하다

필자가 이 글을 쓰는 지금 계절은 봄이다. 현재 김수노기 시인의 계절은 사계절 중 어디쯤 왔을까를 곰곰이 생각해 본다. 또한 하루 중 아침 점심 저녁 중 그의 끼니는 어디에 해당하는지 궁금하다. 윌리엄 블레이크(William Blake, 1787~1827)라는 영국의 시인이자 유명한 화가는 화사한 봄날에는 앙상한 나뭇가지마다 피어나는 새순에 작은 천사들이 앉아서 날갯짓하는 환상을 보았다고 한다. 아직은 밖에 바람이 차지만 얼마 남지 않은 춘분春分을 바라보는 날씨라 그런지 유리창을 뚫고 들어오는 눈이 부신 햇살에 나뭇가지마다 연두색 봄기운이 감돌고 있음을 느껴 본다. 이처럼 찬란한 봄날에 한 시인의 삶을 볼 수 있는 자유를 누리는 호사를 한다는 것은 그러한 삶을 살고자 하는 소망을 말하고 있는지도 모를 일이다.

> 마당가에 풀을 뽑다가
> 한사코 뽑히기를 거부하는
> 풀뿌리를 호미로 캐는데
> 본의 아니게
> 정말로 본의 아니게
> 지렁이 한 마리를 두 동강 냈다

처절하게 몸부림치던 그놈이
온종일 눈에 밟혀
속을 끓이고

잠자리에 누워 하루를 되새김하다
그놈보다 더 치열하게 몸부림쳤던
내 인생의 어느 한 토막을 떠올린다

-「풀을 뽑다가」 전문

위 시는 시인의 삶에 이런 고통을 누가 안겨 주었을까? 라고 자문하는 화자의 1인칭 화법이다. 시인은 마당에 자란 풀을 손으로 뽑다가 한사코 자리를 내어주기를 거부하는 뿌리를 호미로 캐는데 '본의 아니게'라는 강조의 의미를 한 번 더 사용함으로써 자신의 의지와 관계없다는 의지를 표하고 있다. 즉 생명체인 지렁이 한 마리를 호미로 풀뿌리를 뽑는 과정에서 본의 아니게 두 동강을 냈다는 사실에 대해 무척이나 괴로워하고 있다. "처절하게 몸부림치던 그놈이/온종일 눈에 밟혀/속을 끓이고"에서처럼 화자는 비극의식의 원인이 자신에게 있다는 인식하에 온종일 눈에 밟혀 속을 끓인다는 것은 그만큼 충격이 크다는 의미일 것이고, '그놈'이라는 차별적 언어의 사용은 두 동강이 난 현실적 삶의 아픔에 신음하는 화자의 심경일 것이다. 가족은 필연적인 관계로 끊어질 수도 또 끊을 수도 없다는 데서 자신을 되돌아보는 아이러니이다. "그놈보다 더 치열하게 몸부림쳤던/내 인생의 어느 한 토막을 떠올린다"-

「풀을 뽑다가」(3연 2행 3행)

더는 버틸 수 없음을 알았기에
단단히 맘먹고 헤어질 절차를 밟는 동안
오만가지 생각을 하게 되었지
사람끼리의 이별도 그렇지만 신체의 일부를
제거하는 것 또한 쉬운 일이 아니란 걸 알게 되는데

늘 어둡고 후미진 곳에 꼭꼭 숨겨 두고
가난한 집 맏며느리 부리 듯
내 몸 지탱을 위한 에너지 생산 전부를 네게 맡겼고
이를 악물고 살아내야 했던 세상살이도
어금니 네가 있기에 이겨낼 수 있었지
우여곡절을 겪는 데 동참하여 잘 견딘 너를
소중히 여기고 아꼈지만 세월은 비껴가지 않고
너를 부린 만큼 병을 얻었고
그 병은 도지고 도져 골병이 되었지

세상 모든 것과의 이별 연습이 필요한 나이
네게 지웠던 짐들은 갚을 수 없는 빚이 되고
이제까지의 고생이 안쓰럽고 고마워
애틋함에 젖게 되는데
더 이상 애지중지 보듬어 다독일 수 없는 인연을 어찌하랴
세상 끝나는 날까지
내 것인 줄만 알았던 널 보내면서
이리도 마음이 아려 올 줄이야

–「어금니」 전문

김수노기 시인, 그의 삶은 참으로 다행스럽기도 하지만 일생을 가꾸며 머무르는 동안에도 자신에게 젊은 지성과 끊임없는 탐색으로 삶에 대한 열정과 사랑하기를 두려워하지 않는 용기가 있다. 그러한 용기는 자신에게 가르치며 버티어 온 패기이지만 이제는 그 패기마저도 지탱해 줄 어금니를 잃었기에 내 곁을 떠나보내는 외로운 몸부림으로 느껴진다. "가난한 집 맏며느리 부리듯/내 몸 지탱을 위한 에너지 생산 전부를 네게 맡겼고/이를 악물고 살아내야 했던 세상살이도/어금니 네가 있기에 이겨낼 수 있었지/우여곡절을 겪는 데 동참하여 잘 견딘 너를/소중히 여기고 아꼈지만, 세월은 비껴가지 않고/너를 부린 만큼 병을 얻었고/그 병은 도지고 도져 골병이 되었지"-「어금니」(2연)에서처럼 지금껏 자신의 역경을 지탱해 준 현실 앞에 그에 대한 고마움과 세월을 비껴가지 못하고 부린 만큼 병을 얻었다고 하는 자신에 대한 성찰과 지난 세월에 대한 아린 마음의 의식을 표출하고 있다. 인간은 첫 인연을 쉽게 잊지 못하고 그리워하며 아쉬워하는 것이 인지상정이다. 자신이 태어난 고향을 비롯하여 첫사랑도 그렇고 첫 만남도 그렇다. 다시는 소유할 수도 만날 수도 없는 것은 현재라는 의식에서 멀리 떨어져 있는 거리에 대한 안타까움이다. "세상 모든 것과의 이별 연습이 필요한 나이/네게 지웠던 짐들은 갚을 수 없는 빚이 되고/이제까지의 고생이 안쓰럽고 고마워/애틋함에 젖게 되는데/더 이상 애지중지 보듬어 다독일 수 없는 인연을 어찌하랴/

세상 끝나는 날까지/내 것인 줄만 알았던 널 보내면서/이리도 마음이 아려 올 줄이야”-「어금니」(3연)에서 보듯이 ‘어금니’에 담긴 인연의 의식은 궁극적으로 화자의 첫 인연을 소중히 생각하려는 확인 의지의 발로로 보인다.

‘세상 모든 것과 이별 연습이 필요한 나이’라는 고백의 의미는 자신을 든든하게 지탱해 준 ‘어금니’라는 큰 의미의 그 누구도 이미 화자의 곁을 떠났고 이제 이별 연습이 필요한 자신도, 든든하게 지탱해 준 그에게 지워줬던 무거운 짐마저도 갚을 수 없는 빚이 되었다는 미안함과 고마움이 밀려오는 현실의 나이 앞에 닥친 아름다운(?) 화자의 때 묻지 않은 고운 심성이 묻어 있는 수작秀作이라 할 것이다. 비슷한 유형의 〈참 다행이다〉〈점 하나로〉의 작품에서도 시인은 만남과 인연의 소중한 가치를 진실하게 형상화하고 있다.

그의 시집 제목이기도 한 「소소한 이별 예정」을 보도록 하자.

제재에서 밝혔듯이 시인은 이미 이 작품을 통해 자신이 아끼고 사랑했던 유의미한 것들과의 인연으로부터 마음의 이별을 서두르고 있다. 유리병 안에 포로의 몸으로 수십 년 동안 화자의 생활 언저리에서 살아온 조개껍데기들에게 이별을 예고한다. 그가 이별을 예고하는 이유는 “내가 가는 길을 지켜보는 걸 왜 허락하는지/아릿한 내 생의 흐름이 그들에게 조차 부끄러운데”-「소소한 이별 예정」(2연)라는 허무 의식 속에 자신의 삶을 질책하고 있다. 내 삶의 주인은 이미 떠나버려 대상이 없고 자신의 육체마저도 온전치 못한 처지에 대한 인간의 본질적 양상을 나타내고 있다. "허덕이며 살아온 내 생의 절반을 지켜본 그들을/차마, 함부로 내칠 수 없어 보듬고 있지만/이제는 이별할 때/짭조름한 파도가 넘실대는 바다가 아니면 어떠리/가까운 강가 모래밭으로 정중히 너를 보내 주련다/수십 년 볼모로 잡고 내 젊은 날의 추억을 회상해 보려 한 욕심/그 죄가 크다는 걸 이제야 깨달았으므로"-「소소한 이별 예정」(3연) '세상의 모든 것은 헛되도다.'라는 종교적 구절이 연상된다. 인고의 세월을 거쳐온 삶에 무언가 있음 직한 삶의 행복이 사라지고 빈 껍데기의 자신을 발견하면 허무는 자신도 모르게 다가와 있다. 파도가 넘실대고 젊은 시절에 경험했던 사랑으로 영원히 간직하려던 생각, 그마저도 이제는 낡아 버렸다. 그래서 간직하려던 죄가 크다는 현실 앞에 화자는 그 추억마저도 정중히 이별을 알린다. 시인의 순수함으로 욕심의 검은 무게들을 깨끗이 씻어내고 채움이 있을 때 비어 있음을 알아야 하는 자기 발견일 것이다.

4 인간과 자연의 조화

인간과 자연은 조화로워야 한다. 대상과 통섭해야 그 빛이 나며, 장미꽃을 시인이 아름답다고 형상화했기에 장미가 아름답게 보이는 것처럼 인간과 자연의 의미를 유추하는 일이야말로 시인의 책무가 아니겠는가?

부질없는 욕심 하나로
너를 곁에 두고

가끔 주는 한 모금 물로
생명 부지해 주기를

꽃처럼 키워
꽃으로 보겠노라고

송홧가루 날릴
어느 봄날을 기다리며

–「어린 소나무」 전문

송홧가루 날릴 정도의 소나무 숲을 만들기 위해 화자는 고독과 열정의 터전에서 혼신을 다하는 모습이다. 그는 외로운 일상에서 일어나는 걱정과 아픔, 소외 등으로 인한 갈등을 사랑의 정신으로 위로받고자 한 그루의 소나무를 꽃처럼 키워보려는 아름다운 몸짓을 읽을 수 있다.

이 시에서 시련의 슬픈 감정을 다스리는 은인隱忍의 느낌이 드는 것은 그의 삶과도 무관치 않으리라는 생각이 된다.

송곳 든 손을 멈추고 하찮아 뵈는 작은 풀이지만
그의 생애 최고로 성스러운 순간을 해코지할 수가 없어

우두커니 보다가
꽃을 품었음은 생명을 이어 가는 일
식물이라고 어찌 함부로 할 수 있을까
설령 내년 이맘때 지금보다 열 배, 스무 배의 풀이
블록 틈새로 쏟아져 나온다 해도 오늘 저 꽃망울들을
없애 버릴 수는 없다
단단한 땅속에서 싹을 틔우고 뿌리를 내리느라 애쓴 일
뼛속까지 시리던 혹한을 참고 이겨 낸 일
블록의 틈새를 찾아 헤매다 겨우 세상 밖에 나오기까지
얼마나 고되고 힘들었을까
풀 중에서도 가장 연약한 제비꽃이 애처로워 슬며시 송곳을
감추고 일어선다
배시시 웃으며 낮은 바람결 따라 흔들리는 고것이 대견하다

–「제비꽃」 2연 일부

김수노기 시에는 자연과 교감을 나누는 라포(rapport)형성을 통해 인간과 자연의 조화로 승화된 시적 형상의 세계를 표출하고 있는 작품이 다수 차지하고 있다. 이는 시인의 삶의 문제로 이어지며 그의 정신적 흔적을 나타내는 현실적 공간이 되고 있다. "단단한 땅속에서 싹을 틔우고 뿌리를 내리느라 애쓴 일/뼛속까지 시리던 혹한을 참고 이겨 낸 일/블록의 틈새를 찾아 헤매다 겨우 세상 밖에 나오기까지/얼마나 고되고 힘들었을까"(-「제비꽃」 2연 7~10행)라는 화자의 심리적 정서에서 그 의식을 명징하게 드러내고 있는 것이 그 이유이다.

그의 시는 이처럼 기교나 레토릭에 능하지는 않다. 오히려

자신의 세계를 담백 솔직하게 표현함으로써 정서적으로 깔끔한 느낌을 주기 때문에 시를 읽는 독자들에게도 깊은 울림을 주지 않나 생각해 본다.

5 사랑의 존재와 흔적 찾기

한 편의 시에서는 화자의 감정과 표정을 들여다볼 수 있다면 한 권의 시집에서는 그의 영혼에 담긴 총체적인 심리적 삶의 형태를 만날 수 있음이다. 시인은 주관적 세계를 자신의 안으로 끌고 들어와 내면의 또 다른 숙성의 과정을 거쳐 밖으로 내보내 놓을 때 비로소 감동의 신비를 만나게 하는 언어의 연금술사가 된다.

"보이지 않고/대답도 없고/어디 있을까//눈시울 안에/목젖 그 뒤에/숨어서//뜬금없이/손짓하는 그대/이제 찾았네"(-「나는 술래」 전문) 이 시는 각 3행 3연으로 총 9행의 짧은 시다.

이 시의 관념화는 언제부턴가 시인의 의식에 자리 잡은 사랑의 존재에 대한 흔적 찾기다. 이는 시인의 현실과 동경에 대한 영원한 리얼리티의 관념일 수도 있다. 그것은 아마도 자기 자신 속에 숨겨진 진실한 삶, 진실한 자아의 모습일 것이다. 그가 지금까지 동경했던 모든 것은 더 이상의 동경이 아니라 무한성이며 불가견不可見 일 것이다. 그만큼 솔직한 삶의 길을 스스로 알기에 '이제 찾았네'라는 안도의 소회는 시인의 미심美心

의 정화로 볼 수 있다. "코끝이 서늘해/눈을 뜨니/바람 한 점 휘돌고/달빛 한 조각이/방을 밝히는데/창 너머엔/낯익은 얼굴 하나//세상은 돌고/사랑은 넘쳐 나는데/그대와 나의 오랜 마음은/아직 제자리에 머물고/창밖엔/점점 멀어져 가는 그대 모습/난/이유 모를 뒤척임으로 밤을 지새운다"(-「밤에 쓰는 시」 전문) 와 위에서 언급한 '나는 술래'의 시에서 "뜬금없이/손짓하는 그대/이제 찾았네"(-「나는 술래」 3연)에서 보았듯이 뜬금없이 손짓하는 그대를 이제 찾았다는 안도의 회한을 표출하고 있지만, 내면의 심리적 변화는 무한한 다양성을 내포하고 있다. 그가 밤에 쓰는 시는 단순한 어둠에서 밀려오는 고독이 아니라 시인의 정서를 고요히 가라앉게 침잠 적인 면을 보이지만 그의 내면은 허무적 그리움으로 밤새워 뒤척이며 잠 못 이루는 상념의 밤이 되고 만다. 어둠에 의탁한 화자의 시심은 결국 타자에서 자신의 사랑을 찾으려는 이데아가 아니겠는가를 알 수 있는 대목이다.

밋밋한 나무토막에 불과한 나를
깎고 다듬어 애지중지하던
그 어른 떠난 여러 해 동안
켜켜이 내린 먼지에 덮여
뒷방 신세 지고 있다

쓸모도
볼품도 없고

알아주는 이도 없는 천덕꾸러기
그래도 여직 쫓겨나지 않음은
간간이 애련한 눈길 주는
한 여인의 미련 때문이리라

-「목침(木枕)」 전문

영국의 낭만주의 시인 워즈워스의 유명한 시집 《서정 시집 Lyrical Ballads 1798》 서문에 시인이란 누구인가를 이렇게 정의하고 있다. '시인이란 인간의 본성을 지키는 바위 같은 존재이다. 그는 지지자요 보호자이고, 언제 어디서든 사랑과 정을 지닌 사람이다'라고 했다. 김수노기 시인이 그토록 애지중지하며 사랑했던 한 남자와의 사무친 이별을 목침이란 객관적 상관물을 통해 한 여인의 사랑과 그의 삶에 대한 그리움이 무엇인지를 추측할 수 있게 된다. 그는 한 여인의 지지자였고 보호자였고 함께 했던 내내 사랑과 정을 주었던 남자였다. 그래서 자신에게는 쓸모도, 볼품이 없는 목침을 아직도 미련으로 간직하고 있는 것이다. 〈망부석으로 서다〉 〈밀양 남자〉 〈그대였으면〉의 작품에서도 자신의 본성을 지키는 한 남자를 위한 바위 같은 존재의 그리움을 나타내고 있다. 이것은 한결같이 쉽사리 보낼 수 없다는 화자의 갈망이 담겨진 눈물겨운 서사이다. "손수건 한 장으론/감출 수 없었던/그날의 슬픔으로/비가 옵니다/빛 곱던 해바라기도/고개를 떨구고"(-「망부석으로 서다」 1연)에서 처럼 손수건 한 장으론 감출 수 없었던 그날의 슬픔으로 자신의 가슴에 비가 온다고 회고하고 있다. "그곳엘 가면/꽃 같던 어머니가 곳곳에 숨어 아들 반기고/아장발로 누비고 다니던 골목길의 흔적들/하루도 그 언저리를 가슴에서 내린 적 없는/한 남자의 추억이 배인 도시"(-「밀양 남자」 2연) 밀양은 화자가 함께 정을 나누며 살았던 남자의 고향이다. 시인은 그가 써 내려간 시 속에 그의 전 인생을 쓸어 담고 있다 해도 과언이 아니다. 특히나 시인의 생활이 힘들고 육신이 병고로 아프고 힘들 때면 더 크게 다가오는 남자의 빈자리는 그에게는, 단 하루만이라도 재수 좋게 그대를 볼 수만 있다면 이라는 갈망의 애절한 모습으로 그려지고 있다. 그래서 추억이 배인 도시 밀양을 소환한다. 자신이 사랑했던 남자를 낳아 주신 어머니의 모습을 통해 남자의 어릴 절 흔적까지도 더듬는 외로운 시간 속에 내포된 사랑의 운명을 지키려는 지혜롭고 한결같은 시인의 모습을 보인다. "묵묵히 서 있는/저 미루나무 그림자가/담장 너머 기웃대던/그대였으면//지나가는 갈바람에/흔들리는 나뭇잎이/반가움에 손 흔들던/그대였으면//초저녁 잠 설치는/소쩍새 저 부름이/휘파람 불어주던/그대였으면//무수히 뜬 저 별들이/초롱초롱 나 기다리는/그대 눈빛이었으면/참으로 좋으리"(-「그대였으면」 전문) 모든 세상의 모든 그림자와 흔들리는 나뭇잎과 밤하늘의 별들의 움직임이 모두 '그대였으면'이라는 간절함을 자신의 가슴에 새겨 넣고 싶은 인식이 더욱 시인을 슬프게 하는 요인으로 작용하고 있다. 위의 작품에서는 아직도 그의 사랑을 떠나보내지 못하는 망설임의 속내라면 다음 시 〈고드름〉에서는 그가 그토록 보내지 못하고 속을 태웠던 사랑과의 결별을 과감하게 드러내고 있다. 제목에서도 그의 결기는 매우 차갑고 냉철하다. "하늘도 얼어/노닐던 구름이 멈추고/신열 앓던 가슴이/냉기로 오그라들 때/세상과의 소통도 뜸했다//겨우내/물만 먹고 크던 고드름/뚝뚝 눈물 떨구며/사위어 가는 제 모습에/이별을 예감한다/겨울, 너와의 애증은 이제 끝났다."(-「고드름」 전문) 이제 화자는 아픔과 미련, 불행과 죽음 위에 자신의 마지막 남은 삶의 희망을 더는 쌓아 올릴 수는 없다는 판단이 섰을 것이다. 애증후박愛憎厚薄의 결말로 보인다.

6 가족, 추억과 그리움의 공간

어린 날의 추억은 시간의 경과에 따라 의식에서 소멸한다. 그러나 프랑스 철학자 가스통 바슐라르에 따르면 소멸이 아니라 손상 없는 순수기억의 상태로 무의식으로 잠기는 상태를 말한다고 한다. 그래서 회상이란 이러한 무의식에 잠긴 체험이 하나의 이미지로 떠오르는 상태를 말한다는 것이다. 김수노기 시인의 시집에서 제4부를 보면 가족에 대한 육친애가 주요 심상을 이루고 있다.

이 몸의 전부를 점지해 주시고
나의 내면까지도 그분이 갖추어 주신 것인데

그래도 딸만 보면 뭘 줄까 고민하시는 빛이 역력하다
고춧가루 한 사발, 참깨와 찹쌀을 손에 쥐어 주시려
애쓰시는 게 안쓰러워 싫다고 고만 두시라고 팔을 젓다가
기어이 버럭 화를 내며 내던지고 오는 발걸음이 천근인데

아무리 철없이 컸기로서니 엄마 마음 모를까
나야 올케 눈치가 아무래도 좋지만
엄마가 맞을 눈총이 불 보듯 뻔해서
냉혹히 뿌리치고 내 집 오는 길엔
괜한 부아가 치민다

겨우 밥 세끼 먹고 사는 딸에게
쌀 한 톨이라도 보탬이 돼 주고 싶은 그 맘
막둥딸이 늘 아픔이셨겠지
아마도 평생 뚫리지 않는 체증이셨을 거야
나의 머리카락 한 올까지 엄마가 주셨음에도
더 더 챙겨주고 싶어 하시던 그분이
오늘 사무친다

-「엄마의 체증」 전문

친정집에 다녀오는 화자의 관념적 심정을 가감 없이 그대로 노출하고 있다. 모친이 챙겨주는 고춧가루 한 사발, 참깨와 찹쌀을 손에 쥐여 주시려는 그 마음을 헤아리지 못한 것도 아닌데 버럭 화를 내며 내던지고 오는 발걸음이 천근이었던 화자는 세월이 흘러서야 엄마의 마음으로 돌아가 평생의 체증을 안겨준 아픔에 대하여 사무치는 후회를 하고 있다. 이는 아직도 가시지 않는 회상공간의 의식 속에 시인의 그리움으로 남

아 있기 때문이다.

시인의 이러한 그리움은 어머니의 해당화로 이어진다.

허술한 뒤곁 문을 밀고 나서면
오로지 어머니의 호미로만 이뤄내는 텃밭이 있고
그 옆엔 자잘한 꽃이 예쁜 매화나무
함박꽃 과꽃 색색의 백일홍들이
채송화를 어르고 노는 꽃밭도 있다

꽃밭을 비켜 네댓 걸음 오르면
낮은 둑 아래 도랑물이 흐르고
김치 항아리와 수박 참외가 동무 먹고 노는 곳
한낮이면 해당화 작은 키로 그늘 주며 어울리고

가시나무 곁엔 가지 말라시던 말씀대로
세상살이 가시 피하며 살다가도
어머니 좋아하시던 해당화를 보면
나도 모르게 그 앞에 서 있곤 한다

때 묻은 머릿수건 땀 젖은 무명적삼
닳아서 반들대던 호밋자루 본 지 수십 년
하늘나라에도 꽃밭이 있다면
어머니의 해당화가 풍성했으면 좋겠다

–「해당화」 전문

고향의식이나 가족에 대한 회상공간에는 언제나 그리움과 추억이 자리 잡고 있다. 유년이 머물렀던 그 공간에는 꽃피고 새가 울고 나뭇잎이 물들고 평화로운 함박눈이 내리는 사계절의 시간이 공존하는 곳이다. 그 공간이 지금은 어찌 변해 있을지라도 화자는 추억의 공간으로 돌아가고자 하는 마음을 버리지 않을 것이다. 고향에 대한 추억은 누구에게나 잊지 못하는 소중한 추억이기 때문이다. "허술한 뒤껕 문을 밀고 나서면/오로지 어머니의 호미로만 이뤄내는 텃밭이 있고/그 옆엔 자잘한 꽃이 예쁜 매화나무/함박꽃 과꽃 색색의 백일홍들이/채송화를 어르고 노는 꽃밭도 있다"(-「해당화」 1연) 아직도 화자의 생각은 유년의 기억에서 맴돌고 있기에 고향과 어머니에 대한 기억은 소중하고 아름다운 추억 속에 자리 잡고 있다. "때 묻은 머릿수건 땀 젖은 무명적삼/닳아서 반들대던 호밋자루 본 지 수십 년/하늘나라에도 꽃밭이 있다면/어머니의 해당화가 풍성했으면 좋겠다" 김수노기 시인은 아직도 가시지 않은 육친에 대한 정이 지나버린 시간과 상관없이 그의 의식 속에 자리하고 있다. 이는 삶의 원형이 숨 쉬고 있는 공간이 아직도 있다고 믿기 때문에 아름다운 추억의 공간으로 상상 되고 있다. 이와 같은 맥을 이루고 있는 〈달달봉 고개〉 〈잠방이〉 〈열한 살의 여름은 빨갛다〉 〈어린 자화상〉 〈호박나물과 엄마〉 등에서 소소한 추억의 일상들이 대동소이하게 표출되고 있다는 것은 시인이 믿는 공간이자 현실적 공간에서 오는 허탈감, 즉 거기에 지금은 아무도 없다는 부재의식不在意識에서 오는 것으로 보인다.

7 나가면서

김수노기 시인의 시에는 그의 체험에서 얻어진 시간의 흔적과 삶의 회상공간에 대한 시적변용을 통해 젊은 지성과 끊임없는 탐색으로 삶에 대한 열정과 사랑하기를 두려워하지 않는 용기가 있다.

그의 시는 체험과 오랜 기다림에서 숙성된 세상에 존재하는 모든 생명의 존귀와 사물에서 생명체의 의미를 발견하고 자아의 이치를 바라보며 우주를 발견한다. 그는 사람과 사물에 대해 새로운 인식을 하지만 그 모두는 극심한 고통의 삶에서 얻어지는 갈증에 날이 저물고 원하던 행복이 아닐지라도 담담하게 하루하루를 살기를 원할 것이다. 그가 유년에 보았던 밤하늘의 반짝이는 별들과 부모에 대한 동경, 밀양 남자에 대한 애증은 이제 영원히 시인의 기억 속에만 존재할 것이다.

그의 애상은 명징하다.